AF340067

# LES
# COLONIES FRANÇAISES

PAR

## M. Charles CERISIER

SOUS-COMMISSAIRE DE LA MARINE ATTACHÉ AU MINISTÈRE

MEMBRE DE LA SOCIÉTÉ DE STATISTIQUE DE PARIS

## CONFÉRENCE

FAITE A PARIS, SOUS LES AUSPICES DE LA SOCIÉTÉ, LE 3 DÉCEMBRE 1884

Extrait du *Journal de la Société de statistique de Paris*, numéro de février 1885

NANCY

IMPRIMERIE BERGER-LEVRAULT ET Cie

11, RUE JEAN-LAMOUR, 11

1885

# LES COLONIES FRANÇAISES

Au moment où l'opinion publique se passionne pour les questions coloniales, au moment où nous avons les regards fixés sur le Tonkin, où la question de notre influence menacée à Madagascar est sur le point d'être réglée, où notre occupation du Haut-Sénégal et du Niger est un fait accompli, une réalité indiscutable, au moment où nous sommes en train de donner à nos colonies faites toutes les libertés qu'elles puissent rêver, il est peut-être bon de fouiller dans les documents du passé, de condenser et d'approfondir d'une façon sérieuse ceux du présent et d'en tirer pour l'avenir d'utiles enseignements.

Les documents statistiques officiels concernant les colonies remontent à 1837.

C'est à cette époque que le Ministère de la marine commença à publier périodiquement des notices sur nos possessions outre-mer.

Avant cette année, c'est-à-dire depuis 1831, il avait bien paru dans des gazettes ou publications de l'époque certains articles ayant une espèce de caractère officiel; mais ces articles n'affectaient, par exemple, qu'une colonie et n'avaient aucun but d'ensemble et d'unité. C'étaient de simples données extraites de rapports officiels parvenus au Ministère.

A notre époque, à plusieurs reprises, indépendamment des publications périodiques, le Département de la marine a fait paraître des documents d'un certain intérêt pour la statistique coloniale, et tout récemment encore les notices statistiques sur les colonies françaises de 1883 sont venues combler les lacunes qui pouvaient exister dans les différents documents parus.

La statistique est une boussole. En matière coloniale, comme en toute autre question, elle joue un rôle prépondérant. C'est sur elle que ceux qui sont appelés à nous gouverner peuvent baser leur ligne de conduite. C'est d'après ses indications que la vraie direction peut être donnée à la politique coloniale.

En envisageant la question coloniale comme doit l'envisager tout Français, c'est-à-dire comme une nécessité du moment, comme le remède et le salut dans bien des difficultés sociales et économiques, nous ne craignons pas de dire que nous avons actuellement en mains, avec les territoires coloniaux qui forment notre domaine outre-mer, tout ce qu'il faut pour donner de l'extension à notre industrie, à notre commerce, que nous possédons tous les éléments voulus pour l'expansion de nos capitaux et même pour l'émigration de nos concitoyens.

Nous avons de l'autre côté de la Manche, dit notre collègue M. Dreyfus, dans le livre instructif et intéressant qu'il a publié sur l'organisation administrative et politique de l'Angleterre, une nation voisine. Cette petite tache que l'on voit près des côtes de France est le berceau d'un géant, l'instrument et l'origine d'un empire auprès duquel celui des Césars ne supporte la comparaison ni pour la richesse ni pour l'étendue.

L'Angleterre s'est pourtant lancée une des dernières nations dans la carrière coloniale, puisque l'origine de sa puissance date à peine du XVIII<sup>e</sup> siècle. A l'heure qu'il est pourtant, elle occupe le premier rang.

On ne saurait attribuer au trop-plein de sa population et, par conséquent, à l'émigration de ses sujets la force d'expansion coloniale dont elle jouit; car quelque prolifique que soit l'Angleterre, elle n'exporte guère plus de sujets que les peuples les moins prolifiques.

Il existe donc chez elle une autre cause de puissance, et je pense qu'elle doit surtout être recherchée dans les différents systèmes qu'elle a employés pour la colonisation.

L'Angleterre, avant toute émigration, a eu une politique coloniale. Commerçante par tempérament, très égoïste et très intéressée, elle a su tirer parti à son avantage de conditions diverses et spéciales, suivant les localités, les climats et les aptitudes des peuples chez lesquels elle s'implantait. Son gouvernement a suivi à cet égard une politique constante, persévérante et sûre, et a toujours su, en outre, profiter des circonstances.

Dire que la France ne peut pas prétendre être un peuple colonisateur, c'est mentir au passé et méconnaître le présent. Notre territoire colonial a son importance et nous tenons encore notre rang sous ce rapport au milieu des autres États européens, surtout depuis qu'aux vestiges du passé nous avons su ajouter d'importantes acquisitions de territoire, comme la Cochinchine et la Nouvelle-Calédonie.

Nous devons donc par orgueil national, si ce n'est par intérêt, être colonisateurs quand même, et vous me permettrez ici de vous rappeler les paroles d'un des illustres membres de notre Société, M. Leroy-Beaulieu, dans son livre intitulé : *la Colonisation chez les peuples modernes* : « La colonisation est pour la France une question de vie ou de mort; ou la France deviendra une grande puissance africaine, ou elle ne sera dans un siècle ou deux qu'une puissance européenne secondaire. Elle comptera dans le monde à peu près comme la Grèce ou la Roumanie comptent en Europe. Nous ambitionnons, dit M. Leroy-Beaulieu, pour notre patrie des destinées plus hautes. Que la France devienne résolûment une nation colonisatrice, alors se rouvrent devant elle les longs espoirs et les vastes pensées. »

Eh bien ! sans les fautes politiques d'un passé qui n'est pas bien loin de nous, avec les éléments dont nous disposions primitivement, nous aurions pu rivaliser actuellement avec l'Angleterre en richesse et en puissance coloniales.

C'est la France qui a fait le Canada, les comptoirs des rives du Mississipi, la Louisiane. C'est elle qui a commencé les Indes, grenier d'abondance actuel de l'Angleterre. C'est elle enfin qui a créé les colonies des Antilles et de la Réunion, colonies tellement mûres maintenant, tellement françaises, qu'il ne leur manque plus que le titre de départements français.

C'est par des chiffres que je vais essayer de démontrer la valeur relative actuelle de nos colonies et les développements dont elles sont susceptibles. Mais avant d'entamer la partie purement technique de la question, vous me permettrez de mettre sous vos yeux un aperçu historique succinct de notre colonisation. Cette étude est nécessaire pour nous donner des éléments de comparaison. Avec elle nous pourrons nous rendre compte non seulement de la mobilité avec laquelle notre politique coloniale a été conduite sous les différents régimes, mais encore de l'influence néfaste que les événements européens ont eue sur nos affaires extérieures.

Dans l'histoire de la colonisation, la France tient une place beaucoup plus grande que celle indiquée sur les cartes par le territoire actuel de ses possessions coloniales. L'origine de la colonisation française remonte au xıv⁰ siècle. Mais c'est seulement sous François I⁰ʳ que le Gouvernement entra en lice, pour protéger les quelques aventuriers qui avaient tenté isolément d'aller chercher fortune au loin.

En 1535, nous voyons Jacques Cartier remonter le Saint-Laurent, en prendre possession au nom de la France et fonder le Canada.

Sous Henri IV, on visite le Brésil ; on découvre la Louisiane. Un commencement d'immigration se fait sentir, mais à sa mort la colonisation semble délaissée. Richelieu vient lui donner un nouvel essor. C'est sous son patronage que se fondent les compagnies coloniales à monopole, compagnies du Canada, de l'Acadie, de Sumatra ; en 1604, la Compagnie des Indes orientales et autres ; en 1642, la Compagnie pour le commerce d'Orient et de Madagascar.

Sous Colbert, on constate une recrudescence de compagnies privilégiées : la Compagnie du Nord en 1669, du Levant en 1670, du Sénégal et de la Guinée en 1679, etc., etc. ; enfin, en 1712, la célèbre Compagnie du Mississipi, création du fameux Law.

Nous colonisions donc à cette époque. C'était le système du privilège et du monopole qui donna, il faut l'avouer, des résultats immenses au point de vue de notre influence à l'extérieur.

Mais à cette époque on eut le tort de trop entreprendre à la fois et de vouloir aller trop vite.

Sans esprit de suite, sans économie, on ne se basa que sur la faveur. On voulut jouir, s'enrichir tout de suite, sans s'assujettir au travail, ou plutôt en profitant du travail des autres. Ici je ne m'étendrai pas sur l'esclavage qui fut une des bases de notre vieux système colonial. La seconde République a eu l'honneur d'en faire justice. Beaucoup prétendent que c'est à cette cause qu'il faut attribuer les souffrances de nos colonies agricoles. Je ne le pense pas, car si, depuis cette époque, les bras dans nos colonies agricoles avaient été remplacés par les machines ; si les nouvelles méthodes avaient été appliquées en agriculture ; si l'on avait multiplié les éléments de culture au lieu de s'en tenir strictement à la monoculture, nous n'aurions pas à subir pour l'immigration des coolies, c'est-à-dire pour avoir des travailleurs, les exigences omnipotentes de l'Angleterre, notre intéressée voisine. (Je veux parler ici de l'immigration africaine et de l'immigration indienne.)

En résumé, nos colonies prospéraient au xviii⁰ siècle, peu importe la forme par laquelle elles étaient administrées.

En 1721, le Canada comptait 25,000 âmes ; en 1744, 54,000 ; en 1759, 82,000.

La Louisiane était à l'apogée de sa splendeur. La Compagnie des Indes faisait ses affaires. Nos colonies des Antilles et de l'Océan Indien, refuge des cadets de famille, de la noblesse aventurière, des gentilshommes à la recherche d'une fortune, se peuplaient rapidement. Nous étions relativement à ce que nous sommes maintenant au summum de notre puissance coloniale. Il est vrai que le système en vigueur ne ressemblait en aucune façon à celui de notre époque. La protection à outrance, la mainmise autoritaire sur les actes de nos dépendances coloniales, tout contribuait, à tous les points de vue, à faire de ces parties éloignées du territoire métropolitain des pays vassaux d'une espèce toute particulière.

A cette époque, le pacte colonial plaçait les colonies sous l'étroite dépendance de la métropole par l'obligation d'exporter tous leurs produits en France, d'en tirer tous les objets de consommation et d'employer, soit pour l'importation, soit pour l'exportation, le pavillon national à l'exclusion de tout autre.

Ce système n'a pris fin qu'en 1789, date à laquelle on peut faire remonter l'origine de l'émancipation relative des colonies.

Notre puissance coloniale commença à décliner sous Louis XIV. Notre Révolution suspendit, on le comprend, pour un temps, la bonne marche de nos affaires extérieures. Les guerres de l'Empire nous occupèrent aussi sur le continent.

Enfin, les traités de 1815 vinrent nous porter un coup terrible.

Depuis, nous ne nous sommes guère relevés. Dans ce dernier quart de siècle, nous avons, il est vrai, augmenté notre territoire colonial. Nous comptons en plus des colonies d'une certaine importance, comme la Nouvelle-Calédonie et la Cochinchine par exemple. Mais, colonialement et commercialement parlant, nous n'avons pas énormément prospéré.

Ces dernières années, nous semblons nous réveiller de notre assoupissement. Nous avons enfin compris qu'il était utile de tourner nos regards vers les pays lointains, comme le Tonkin, Madagascar, où nous avons des droits et des intérêts à sauvegarder. Nous daignons maintenant nous occuper un peu plus de l'Algérie et de nos colonies d'Afrique, comme le Sénégal, nos possessions du golfe de Guinée; mais cette initiative est surtout due au Gouvernement, qui, je le dis à regret, se trouve malheureusement entravé dans l'exécution de ses bonnes intentions par une sensible partie de l'opinion publique, et ne trouve pas dans l'élan individuel un point d'appui suffisant.

Nous possédons actuellement :

1° *Comme colonies d'établissement*, c'est-à-dire comme colonies d'émigration, héritage du passé : la Martinique, la Guadeloupe, la Réunion, la Guyane, les Indes, et même Saint-Pierre et Miquelon, centre important par ses pêcheries ;

2° *Comme colonies d'occupation ou de cession*, c'est-à-dire résultant d'une prise de possession pacifique ou d'un contrat : la Nouvelle-Calédonie, Taïti et ses dépendances, les îles de la côte de Madagascar, Mayotte, Nossi-Bé et Sainte-Marie, les établissements de la Côte-d'Or et du Gabon, et les comptoirs disséminés de la côte occidentale d'Afrique ;

3° *Comme colonies de conquêtes* : la Cochinchine, le Sénégal, le Haut-Sénégal, et peut-être le Tonkin et Madagascar, si nous savons, comme l'Angleterre, profiter de la situation et avoir dans les circonstances actuelles une politique ferme, persévérante et sûre.

Toutes ces colonies représentaient, d'après la douane française, en 1881, un mouvement commercial de 217,417,939 fr., dont 126,523,092 fr. pour l'importation en France et 91,967,373 fr. pour l'exportation de France.

La comparaison entre 1881 et 1882 pour le commerce général fait ressortir en faveur de 1882 une légère augmentation de 1,072,000 fr. Cette augmentation s'accentue davantage en 1883, et le chiffre de 217,417,939 fr., accusé en 1881, se trouve en 1883 porté à 234,416,849 fr. J'avais attribué la légère augmentation de 1,072,000 fr., constatée en 1882 sur 1881, aux divers travaux de voie ferrée entrepris dans nos colonies du Sénégal et de la Réunion, et j'avais conclu que cette augmentation ne devait pas être attribuée à l'initiative privée, puisque c'est l'État qui construit ou fait construire ces lignes; mais le chiffre accusé pour 1883

(234,416,849 fr.) renverse mes suppositions; et la cause de la différence en plus (17 millions environ) doit être recherchée ailleurs. Je constate, en effet, que si les colonies de la Martinique, de la Guadeloupe, de la Réunion présentent, comparativement à l'année 1881, une décroissance dans le commerce général avec la France de 8 millions environ, au contraire les colonies de Saint-Pierre et Miquelon, du Sénégal, de l'Inde, de la Cochinchine, de la Guyane et de la Nouvelle-Calédonie offrent une plus-value de 25 millions en chiffres ronds; ce qui explique la différence ronde de 17 millions en augmentation qu'accuse sur 1881 le commerce général des colonies de 1883.

Il en résulte que ce sont nos trois grandes colonies agricoles, nos vieilles colonies qui sont restées stationnaires, alors que les pays neufs ont, au contraire, accentué d'une façon bien positive leurs relations avec la mère-patrie. Cette constatation a une grande valeur. Elle démontre jusqu'à l'évidence que les colonies à sucre sont frappées d'impuissance momentanément et que tant qu'elles n'auront pas ajouté de nouveaux éléments de production à ceux qui forment déjà les bases de leur force productive, elles sont menacées de rester dans le *statu quo* et de mourir d'inanition.

Prenant comme base de classification les éléments que nous fournit la douane française, c'est-à-dire les tableaux généraux du commerce de la France, nous pouvons, sans nous préoccuper pour le moment de la superficie, de la population, classer comme suit au point de vue commercial les colonies.

La première place appartient au Sénégal, qui accuse en 1883 47 millions de commerce général, dont 20 $^1/_2$ millions d'importation en France et 26 $^1/_2$ millions d'exportation de France.

Le n° 2 appartient à la Martinique, qui vient avec 43 $^1/_2$ millions de commerce général, dont 23 millions d'importation en France et 20 $^1/_2$ millions d'exportation de France.

La Guadeloupe obtient le n° 3 avec un commerce général de 35 millions, dont 18 millions d'importation en France et 17 millions d'exportation de la métropole.

Au 4e rang figure Saint-Pierre et Miquelon avec ses pêcheries pour 33 $^1/_2$ millions, dont 28,500,000 fr. pour l'importation en France et 5 millions pour l'exportation de France.

La Réunion vient se placer au 5e rang avec un commerce général de 25 $^1/_2$ millions, dont 16 millions d'importation en France et 9 $^1/_2$ millions d'exportation de France.

Au 6e rang viennent les établissements français de l'Inde avec un commerce général de 14,300,000 fr., dont 13 $^1/_2$ millions d'importation en France et $^1/_2$ million d'exportation de France.

Le 7e rang est pris par la Cochinchine qui nous donne 3 millions d'importation en France et 9 $^1/_2$ millions d'exportation de France, soit un total pour le commerce général de 12 $^1/_2$ millions. Son commerce avec l'étranger ne figure pas dans ce chiffre que nous serons, du reste, appelé à rectifier tout à l'heure.

Au 8e rang vient la Nouvelle-Calédonie avec 10 millions de commerce général, dont 2 $^1/_2$ millions d'importation en France et 7 $^1/_2$ millions d'exportation de France.

Le 9e rang appartient à la Guyane dont l'importation en France se chiffre par

400,000 fr. à peine et à qui la France envoie pour 7 $^1/_2$ millions de marchandises et de denrées.

Les colonies de Madagascar, Sainte-Marie et Nossi-Bé, puis Mayotte dans le canal Mozambique, occupent le 10ᵉ rang. Leur commerce général se chiffre par 4 $^1/_2$ millions, dont 4 millions à l'importation et $^1/_2$ million pour l'exportation de France. Mais ce chiffre n'est pas l'expression exacte de leur valeur commerciale et productive. En le doublant, on approchera plus de la vérité.

Je mentionnerai en dernier lieu les établissements de la Côte-d'Or et du Gabon, dont le commerce général est d'environ 1 million, et les établissements de l'Océanie, Taïti et dépendances, dont le commerce général avec la France peut être estimé à presque un million.

Dans l'énumération que je viens de faire des diverses colonies, je ne me suis placé qu'au point de vue des relations de la France avec ces colonies ; mais il est bien entendu qu'en dehors de leur commerce proprement dit avec la France certaines d'entre elles ont des relations commerciales très importantes avec les pays avoisinants. Dans ce cas se trouvent la Cochinchine, la Nouvelle-Calédonie, les établissements français de l'Océanie dont il ne faudrait pas juger l'importance sur le simple chiffre de leur importation en France. Ainsi, par exemple, en 1881 la Calédonie n'a rien importé en France, alors que son importation pour l'étranger s'est chiffrée par 2 millions $^1/_2$. De même l'exportation de France pendant la même année n'a été que de 2 millions, alors que cette colonie a reçu en outre de l'étranger pour 5,300,000 fr. de provenances.

De plus, il y a lieu de remarquer que la statistique officielle de la douane ne mentionne pour les colonies que ce qui a donné lieu à une perception de droits de douanes. Or, certaines colonies, comme la Cochinchine, Mayotte, Nossi-Bé, Sainte-Marie de Madagascar, la Nouvelle-Calédonie et Taïti, n'ont pas de douanes. Il faut donc ajouter aux chiffres accusés le commerce réel de ces pays que l'on peut évaluer à 127 millions en chiffres ronds, savoir :

| | |
|---|---|
| Cochinchine | 98 millions |
| Mayotte | 3 — |
| Nossi-Bé | 4 — |
| Sainte-Marie | $^1/_2$ — |
| Nouvelle-Calédonie | 13 — |
| Taïti | 8 $^1/_2$ — |
| Total égal | 127 millions |
| qui, ajoutés aux | 234 — déjà accusés par |

les douanes, portent approximativement à 361 millions la valeur relative du commerce colonial.

D'après les relevés officiels de 1839, le commerce total des colonies était représenté par le chiffre de 160 millions.

Il en résulte en 1883 une augmentation, après moins d'un demi-siècle, de 171 millions.

L'étude particulière de chaque colonie au point de vue statistique donne pour 1883 les résultats suivants :

Le Sénégal, dont le commerce général en 1881 était de 39 millions, figure en 1883 avec un commerce général de 46 millions, d'où une augmentation de 7 millions en deux ans. La superficie de cette colonie ne saurait être déterminée d'une façon bien précise. Composée de postes militaires ou comptoirs disséminés, séparés les uns des autres par des pays indépendants ou des colonies étrangères, le territoire sous notre dépendance est d'une vaste étendue. Le Sénégal compte approximativement 190,000 habitants, dont 125,000 âmes environ pour le premier arrondissement, soit 25,000 de population urbaine, le reste pour la banlieue et les territoires contigus. Son commerce d'importation en France consiste surtout en arachides, en gommes, caoutchouc, plumes de parures, graines, peaux brutes et cires. Le commerce d'exportation de France comprend les tissus, surtout les cotonnades, toiles, guinées, qui servent de monnaie d'échange, les vins, les eaux-de-vie, les armes et munitions. Le budget local de la colonie s'élève en 1884 à la somme de 2,508,000 fr. Saint-Louis, la capitale, vit de commerce du fleuve. De grandes maisons de commerce de Bordeaux surtout y ont de magnifiques entrepôts. La gomme, l'arachide, les plumes d'autruche, les oiseaux vivants ou morts, l'ivoire, les peaux de bœufs, le mil, l'or de galam, forment les bases principales de son commerce tout spécial. C'est, en effet, plutôt une traite, un véritable commerce d'échange. La guinée, les toiles, les étoffes, les armes à feu, les munitions de guerre, le corail, les verroteries, l'ambre, sont importés surtout de France dans le pays et échangés par l'intermédiaire des traitants pour les produits du cru. Ces derniers constituent le fret de retour et sont exportés du pays à l'état brut pour être vendus en France.

La guinée, espèce de toile bleue, teinte à l'indigo, est la base principale ou plutôt la monnaie des échanges. On achète un bœuf tant de pièces de guinées. On paie un ouvrier indigène tant de coudées de guinées par jour.

Le gros d'or au Sénégal vaut une pièce de guinée, c'est-à-dire 10 fr. L'ivoire de choix environ les trois quarts d'une pièce, soit 7 fr. 50 c.

Un bœuf varie entre 7 à 10 pièces de 70 à 100 fr. Un cheval vaut de 50 pièces à 100 pièces et ainsi de suite.

On peut se procurer les plumes d'autruche avec les caravanes à raison de 100 fr. le kilogramme.

Le riz se troque contre un volume égal de sel, qui lui aussi est une monnaie d'échange, dans certaines contrées surtout.

Le fret entre la France et Saint-Louis du Sénégal varie entre 30 et 40 fr. le tonneau, ce qui est très cher, et est dû aux caprices de la barre du fleuve Sénégal qui peuvent maintenir un navire à l'entrée du fleuve pendant plusieurs semaines sans qu'il puisse la franchir. C'est la particularité fâcheuse de l'embouchure de tous les fleuves d'Afrique.

Le fret de France pour Gorée-Dakar est moins cher. Il varie de 20 à 30 fr.

Entre Saint-Louis et Gorée-Dakar, il varie de 15 à 25 fr. selon le tonnage des bâtiments.

Je saisis ici l'occasion pour vous parler du chemin de fer de Dakar-Saint-Louis qui relie le premier arrondissement du Sénégal avec le deuxième. Il mettra avant peu Saint-Louis en communication avec le sud du Sénégal. Ses conséquences seront de faire de Dakar le port d'embarquement central des produits du Sénégal. Le chemin de fer Dakar-Saint-Louis a 263 kilomètres de parcours. Il se dirige presque directement du Nord au Sud, en traversant le Cayor dans son plus grand parcours. Actuellement 100 kilomètres du côté de Saint-Louis et 100 kilomètres du côté de

Dakar sont construits. Les deux villes vont pour ainsi dire à la rencontre l'une de l'autre, et au mois de juillet 1885 leur alliance sera complète.

La conquête pacifique du Cayor est assurée par le chemin de fer, alors que jusqu'ici des siècles d'occupation avaient à peine suffi pour en faire un pays ami. Si le canon et le sabre ont leur utilité pour trancher certaines questions, la locomotive, sans effusion de sang, arrive quelquefois au même but et a l'avantage d'apporter avec elle, au lieu de la ruine et de la haine, la richesse et l'attachement.

La longueur kilométrique actuellement ouverte à l'exploitation est de 165 kilomètres. Il en reste 98 à livrer.

Le commerce de la France est représenté au Sénégal surtout par des maisons de Bordeaux, qui ont pour représentants des agents commissionnés. Les éléments de commerce sont peu nombreux ; je ne dis pas qu'ils ne seraient pas susceptibles d'un plus grand développement, mais je ne puis m'empêcher d'assurer que l'activité commerciale, surtout dans le premier arrondissement, est par trop monopolisée. De tout temps il en a été ainsi.

Ce que je voudrais voir pour cette colonie, c'est un regain d'élan et d'initiative individuels dans notre génération, venant non pas disputer aux vieux occupants une part de leur gâteau, mais venant concourir avec eux au développement de la prospérité du pays, soit en agrandissant les bases du commerce actuel, soit en inventant ou trouvant de nouveaux éléments d'échange.

Pour atteindre ce but, il faudrait mieux connaître en France le Sénégal, le craindre moins et penser qu'on peut s'y rendre et qu'on peut en revenir en quelques jours seulement.

La récolte d'arachides a, surtout cette année, été très abondante. Les relevés statistiques de la douane feront donc, sans aucun doute, ressortir une augmentation dans le rendement pour l'année prochaine ; mais la valeur de l'importation d'arachides variera peu sans doute, car l'arachide a baissé, paraît-il, de prix sur le marché de France.

L'agriculture, laissée aux mains des indigènes, n'a pas fait jusqu'à ce jour de progrès bien sensibles. Le Sénégal ne saurait avoir, du reste, la prétention de passer pour une colonie agricole. Les essais tentés, il y a une cinquantaine d'années par le Gouvernement lui-même, ont été infructueux, et plusieurs millions se sont trouvés sacrifiés en pure perte. C'est sous la Restauration qu'on eut l'idée de tenter l'essai de grandes cultures industrielles à 30 ou 40 lieues de Saint-Louis. La générosité du Gouvernement pour les commerçants du moment qu'on voulait transformer à la fois en agriculteurs fut grande. On gaspilla en dépenses stériles des fonds considérables, 25 à 30 millions, dit-on, et malgré les enthousiasmes particuliers et le désir ardent qu'on avait de faire du Sénégal une colonie agricole, la baguette administrative de la Restauration ne put rien transformer. La colonie du Sénégal dut, comme elle l'est encore, rester colonie de trafic. On voit encore dans les environs de Saint-Louis des vestiges des anciens essais de culture de coton. Des espaces relativement très grands sont encore plantés de cotonniers qui, quoique n'étant plus du tout cultivés, poussent vigoureusement et produisent à l'état sauvage.

C'est l'indigène qui cultive ou plutôt plante simplement l'arachide qui vient presque sans soins. On a fait ces temps derniers des essais de culture de *pourghère,* plante oléagineuse, espèce de tubercule. Les indigènes semblent disposés à développer cette branche d'agriculture. Mais la question est encore dans l'œuf. Il s'agit de l'étudier.

L'aloès, le caoutchouc, seraient susceptibles d'une exploitation sérieuse et avantageuse, à condition qu'on voulût s'en donner la peine et jeter les yeux sur ce qui existe. En fait de culture, on pourrait surtout essayer au Sénégal les plantes fourragères, oléagineuses et textiles. Malheureusement, cette colonie, comme toutes les autres, est frappée d'impuissance sous le rapport des bras nécessaires à l'agriculture.

L'industrie est peu en progrès au Sénégal. Cependant, le pays possède des mines d'or très riches dans le Bambouk et dans le Tambaoura. Des essais vers 1850 ont été déjà faits du côté de Kéniéba pour l'exploitation de l'or. Les rives de la Falémé, un des affluents du Sénégal, ont été l'objet d'une étude approfondie. Mais les résultats pratiques à cette époque ont été inférieurs aux dépenses, et le défaut d'esprit de suite dans nos entreprises coloniales en même temps que l'insalubrité du climat furent cause de l'abandon de l'idée. Peut-être avec les moyens dont on dispose aujourd'hui, obtiendrait-on de meilleurs résultats. Des essais ont, du reste, été tentés de nos jours, puisque des concessions ont été faites à une maison de commerce et qu'un ingénieur de cette maison, M. Fieux, a fait du côté de la Falémé certaines études. Mais l'exploitation aurifère pratique ne semble pas avoir prospéré. Il est constant toutefois que les noirs récoltent de l'or dans les sables aurifères de l'affluent du Sénégal et que cet or donne lieu à un certain trafic. Les forgerons du pays fabriquent des bijoux d'une certaine valeur, même artistique, avec les moyens et outils peu perfectionnés qu'ils emploient.

On ne peut quitter le Sénégal sans mentionner le port de Dakar, qui est l'avenir de cette colonie et qui, le jour où il possédera des ateliers, des bassins de radoub et des dépôts de charbon, sera le seul point de relâche de la côte occidentale d'Afrique et le complément nécessaire de la fortune de la colonie du Sénégal.

Une commission part dans quelques jours pour étudier sur place les travaux importants dont le port et la rade de Dakar pourraient être l'objet. C'est d'un bon augure pour l'avenir.

La population du deuxième arrondissement du Sénégal, dont Dakar est le chef-lieu, s'élève à peu près à 55,000 âmes, soit 10,000 de population urbaine dont 3,000 pour la petite île de Gorée. Le reste se répartit en population rurale dans la banlieue de Dakar, de Rufisque, dans les villages du Cap-Vert et les cantons environnants.

Le Haut-Sénégal n'existe que depuis cinq ans. En 1863, l'illustre gouverneur du Sénégal qui a donné à cette colonie l'élan réel d'une colonisation intelligente, le général Faidherbe écrivait : « Il nous faudrait créer une ligne de postes distants d'une trentaine de lieues entre Médine sur le Sénégal et Bammakou ou tout autre point sur le Niger, afin d'établir un centre commercial sur le fleuve. Le premier de ces postes serait Bafoulabé. » Cette idée donna naissance à la mission de Mage en 1863. Mais on resta ensuite depuis 1865 jusqu'en 1879, sans rien faire de ces côtés.

La question fut reprise en 1879. La mission Galliéni fut envoyée à Ségou et l'occupation du Haut-Sénégal entra, à partir de cette époque, dans la période d'exécution.

Dans trois campagnes successives de 1880 à 1883, on occupa la ligne de postes indiquée par le général Faidherbe. Kayes, situé sur le fleuve à 13 kilomètres en avant de Médine, devint le point de départ de notre action et fut choisi comme devant être la tête de ligne du chemin de fer du Haut-Sénégal, le fleuve, c'est-à-dire la voie naturelle, cessant d'être navigable à cet endroit pour les gros navires.

Le chemin de fer projeté se dirige ensuite sur Bafoulabé, autre poste avancé, construit au confluent des deux rivières qui forment le fleuve Sénégal, le Bafing et le Bakoy.

Puis viennent le poste de Badumbé, le fort de Kita, un peu plus en avant encore dans l'intérieur, et quelques redoutes intermédiaires, comme Kondou, Niagassola.

Enfin, on arrive à Bammakou sur le Niger, notre dernier poste avancé à 1,500 kilomètres de la mer, dans l'intérieur de l'Afrique.

C'est à Bammakou qu'on vient de monter et de lancer sur le Niger la première canonnière qui accomplit en ce moment son premier voyage. Des nouvelles récentes nous ont appris qu'elle était à 60 kilomètres de Bammakou.

En ce qui concerne la statistique du Haut-Sénégal, je puis vous donner une primeur. L'*Officiel* d'hier publie sur ce sujet des documents d'un véritable intérêt et dont voici le résumé, d'après les résultats constatés individuellement par les différents commandants de postes.

Pour le poste de Médine, la valeur totale du mouvement commercial s'élève à 5 millions, comprenant comme objets de provenance européenne : la verroterie, la poudre, les fusils, la guinée, le calicot blanc, les étoffes diverses, l'ambre, le corail, la cornaline, le tabac, la quincaillerie, la coutellerie, les armes; comme objets de provenance indigène : les chevaux, les bœufs, les moutons, chèvres, ânes, chameaux, l'or, les plumes, les peaux, l'ivoire, les arachides, le riz, le maïs et le mil.

Pour le poste de Bafoulabé, la valeur totale du mouvement commercial est de 8 millions, comprenant les mêmes éléments que Médine, et en plus le sel et les noix de colas, comme objets de provenance indigène.

Pour le poste de Kita, le mouvement commercial atteint près de 4 millions. Il faut ajouter aux objets de provenance indigène le caoutchouc.

Le commerce de Bammakou atteint 5 millions.

Dans ces chiffres qui sont, bien entendu, approximatifs, il n'est pas tenu compte du commerce propre du cercle. Il n'est question que des entrées et des sorties, la production locale restant en dehors.

En résumé, on peut évaluer comme suit les diverses marchandises indigènes traitées dans le Haut-Sénégal à partir de Médine :

| | |
|---|---:|
| Gomme, 500 tonnes, valeur. | 375,000 fr. |
| Caoutchouc, 4 tonnes | 25,000 |
| Plumes, 90 kilogr. | 24,000 |
| Cire, 5 tonneaux | 3,000 |
| Peaux, 450 tonneaux | 500,000 |
| Animaux (bœufs, chèvres, chevaux) | 5,000,000 |
| Tissus divers. | 4,000,000 |
| Or | 250,000 |
| Arachides | 55,000 |

De ces données statistiques, il résulte que si, dès maintenant, après trois années d'occupation, l'exploitation commerciale du Haut-Sénégal atteint de pareils chiffres, l'avenir, avec des voies de communication, avec la facilité assurée des transports, la sécurité des échanges et des transactions, nous réserve la certitude d'une augmentation progressive, et d'après les renseignements fournis par ceux qui voient et qui étudient sur place la proportion annuelle de l'augmentation, serait de 5/18 pour le mouvement commercial, de 2 $\frac{1}{2}$ pour la production agricole et de 15 pour l'élevage des bestiaux.

Ces données ont un caractère exclusivement officiel et proviennent de documents publiés depuis 48 heures seulement.

Enfin, le but si longtemps poursuivi, l'ouverture d'un chemin commercial vers le centre de l'Afrique, si difficilement abordable par une autre voie que celle du Sénégal, est presque atteint, puisque nous sommes maintenant établis sur le Niger et que la ligne de communication, longue d'environ 1,600 kilomètres, qui va de Saint-Louis à Bammakou, est protégée par 13 postes fortifiés qui assurent d'une façon solide notre domination de la côte à l'intérieur dans le Soudan occidental. Certes, il y a encore beaucoup à faire. Mais à présent que le Gouvernement a ouvert la voie, il faut, comme dit le docteur Colin dans un travail sur le Haut-Sénégal, que l'élément individuel comprenne ce qui a été obtenu et vienne seconder par sa participation les efforts qui ont été faits. Là ce ne sera peut-être pas immédiatement que les résultats, les bénéfices se produiront pour l'initiative privée. Mais, certes, les premiers pionniers seront les mieux partagés s'ils veulent persévérer. Lorsque des communications constantes et bien assises, commercialement parlant, seront établies le long de cette ligne de postes, il y aura un débouché de plus pour nos produits, des éléments commerciaux et industriels de plus pour le pays.

La première année, dans le Haut-Sénégal, les échanges seront fort restreints; mais lorsque les noirs verront qu'on peut leur offrir les choses qu'ils recherchent, les étoffes, les armes, la poudre, les verroteries, les fusils à silex, le sel, surtout le sel, à bien meilleur compte que les Maures ou les Sarracolets, ces caravaniers actuels du Soudan, ils viendront s'approvisionner à nos comptoirs et échangeront avec nous sur une plus grande échelle leurs produits. Voilà l'économie du projet. En attendant, avec le fleuve Sénégal et la voie ferrée, avec la ligne de protection des postes, le commerce a ce qu'il faut. Avis aux amateurs d'aventures, aux enthousiastes des pays nouveaux, à ceux qui ne craignent pas de risquer tout. C'est surtout cette catégorie d'individus qui doit fournir les pionniers et montrer la voie à ceux qui hésitent. A eux de constituer le noyau de ceux qui plus tard fonderont, au confluent du Bafing et du Bakoy, la Tombouktou française, où l'on entendra résonner le fameux cri de la civilisation : « Bafoulabé : 20 minutes d'arrêt; buffet; ou : Messieurs les voyageurs pour le lac Deboë en voiture ! »

La Martinique compte 98,000 hectares de superficie, dont 34,000 de cultivés, 18,000 en bois ou forêts, 18,000 en savanes et 28,000 en friches.

Population : 166,000 âmes, dont 79,000 hommes et 87,000 femmes.

Dans ce chiffre se trouve comprise une population mobile de 22,000 personnes environ, se décomposant ainsi :

> 650 employés,
> 1,100 hommes de garnison européenne,
> 20,000 immigrants.

Sur ces 20,000 immigrants, on compte 13,000 Indiens, 500 Chinois et 6,500 Africains.

En 1883, la Martinique a un budget local qui s'élève à la somme de 4,913,736 fr. Ne sont pas comprises dans ce budget les dépenses que la Métropole fait au titre des budgets colonial et marine. Cette colonie dépense actuellement par an pour son service des travaux publics et l'entretien de ses routes la somme ronde de 600,000 fr.

En 1880, l'importation en France de cette colonie se chiffrait par 24,507,553 fr. et l'exportation de France par 20,658,025 fr.

En 1883, l'importation est de 22,961,135 fr., l'exportation de 20,482,802 fr., d'où une diminution sur le commerce général de près de 2 millions.

Les principaux articles d'importation consistent en sucre, rhum et tafia, cacao, peaux brutes, bois de teinture, etc.

Les principaux articles d'exportation de France pour la Martinique sont : les peaux préparées et ouvrées, les vins, les tissus, vêtements, huiles, outils et ouvrages en métaux et objets divers d'usage et de consommation habituelle.

Les cultures couvrent 34,000 hectares de superficie se décomposant ainsi :

1° Canne à sucre : 19,000 hectares, donnant 41,000,000 kilogr. de sucre pour une valeur de 19 millions de francs ; 1,300,000 litres de sirop pour une valeur de 265,000 fr., et 9 millions de litres de tafia pour environ 3 millions de francs ;

2° Café : couvrant 685 hectares et donnant un produit de 132,000 kilogr. d'une valeur totale de 290,000 fr. ;

3° Coton : 211 hectares, 4,300 kilogr., 7,800 fr. ;

4° Cacao : 816 hectares, 616,000 kilogr., 1,047,000 fr. ;

5° Tabac : 32 hectares, 12,400 kilogr., 17,000 fr. ;

6° Culture vivrière : 13,406 hectares, valeur 5 millions.

Il existe à la Martinique 6,000 habitations rurales, occupant près de 57,000 travailleurs. La valeur des terres employées aux cultures est estimée 34 millions de francs ; les bâtiments et le matériel d'exploitation valent à peu près 31 millions, et on peut compter environ 8 millions d'animaux de trait et de bétail, ce qui porte à environ 73 millions la valeur agricole de cette colonie.

Les cultures vivrières locales comprennent : principalement le manioc, les ignames, les choux caraïbes, les patates et autres racines, les légumes, bananes et fruits à pain.

L'industrie est peu développée. Cependant on compte encore 562 sucreries, 155 habitations caféières, 126 habitations sucrières, 5,000 et quelques habitations vivrières, 75 habitations cacaoyères, 6 poteries, 44 chaufourneries, 15 usines centrales et 88 moulins à vapeur.

Quant au régime commercial, il est réglementé par le sénatus-consulte du 4 juillet 1866. Le produit de l'octroi de mer rapporte 1,200,000 fr. ; les droits de navigation 30,000 fr., et les taxes accessoires de navigation 106,000 fr.

La statistique des tribunaux donne pour la Cour d'appel de la Martinique :

    27 affaires civiles,
     8 — commerciales,
    45 — criminelles,
    41 — appels correctionnels.

Pour les tribunaux correctionnels :

    400 affaires civiles,
    300 — commerciales,
  1,200 — correctionnelles.

Pour les tribunaux de paix :

1,000 affaires civiles,

6,000 — affaires de simple police.

Indépendamment du Lycée tout nouvellement créé, on compte 68 écoles laïques de garçons, 4 écoles laïques de filles, 11 écoles congréganistes de garçons et 34 écoles congréganistes de filles qui instruisent 9,886 enfants.

La Martinique possède, enfin, deux établissements de crédit : la Banque coloniale et le Crédit foncier.

Elle se divise enfin en 25 communes, ayant chacune leur maire, leurs adjoints et leur conseil municipal.

Passons à la Guadeloupe et ses dépendances : superficie 186,000 hectares, dont 94,000 pour la Guadeloupe proprement dite, et la différence, soit 92,000 pour les dépendances, savoir : la Grande-Terre, Marie-Galante, la Désirade, les Saintes, la Petite-Terre, Saint-Barthélemy et Saint-Martin (partie française).

On compte dans cette superficie 48,000 hectares de bois, 35,000 hectares de friches.

Les cultures s'étendent, savoir :

1° La canne à sucre sur 24,000 hectares, produisant 26 millions de kilogr. de sucre, d'une valeur de 21 millions, 4 $^1/_2$ millions de litres de sirop, valant 1 million de francs, et près de 3 millions de litres de tafia, valant plus de 2 millions de francs ;

2° Le café, couvrant 4,000 hectares et produisant 865,000 kilogr., valant 2 millions de francs ;

3° Le coton, couvrant 305 hectares produisant 21,000 kilogr., soit une valeur de 26,000 fr. ;

4° Le cacao, 450 hectares, 103,000 kilogr., 93,000 fr. ;

5° Le rocou, 346 hectares, 566,000 kilogr., valeur 283,000 fr. ;

6° La culture vivrière, 10,000 hectares, production environ 4 millions. Elle comprend les mêmes éléments que pour la Martinique.

La valeur des terres employées aux cultures est estimée à 60 millions ; celle des bâtiments et du matériel d'exploitation à 50 millions ; celle des animaux de trait à 10 millions, soit au total 120 millions pour la valeur des propriétés rurales. Ces dernières sont au nombre de 8,000 environ et emploient 85,000 travailleurs.

L'industrie compte 574 sucreries, dont 62 avec usines à vapeur, puis 11 usines centrales.

Comme pour la Martinique, c'est le sénatus-consulte du 4 juillet 1866 qui réglemente le régime commercial.

La population de cette colonie comprend 158,000 âmes, dont 78,000 hommes et 80,000 femmes.

Il faut ajouter à cette population une population flottante qui comprend :

750 fonctionnaires ou employés,

700 hommes de garnison,

23,000 immigrants,

9,000 population flottante civile.

La Guadeloupe comprend 33 communes administrées par un maire, des adjoints et un conseil municipal.

L'enseignement est donné à 11,500 enfants par des écoles communales et des écoles libres de garçons et de filles, puis par un lycée, le tout dans les mêmes proportions qu'à la Martinique.

Le budget local s'élève pour 1884 à la somme de 5,111,540 fr.

La colonie consacre à ses travaux publics une somme annuelle approximative de 800,000 fr.

L'importation de la Guadeloupe en France se chiffre par 18,154,765 fr.; l'exportation de France par 16,917,510 fr. On constate en 1883 une diminution dans le commerce général de 1 million environ comparativement à 1881.

La Guadeloupe, en échange de son sucre qui, en 1883, figure pour 13 millions environ, du rhum et tafia, du rocou, du café, du cacao, de la vanille, qui forment la base de ses articles d'importation en France, demande à la métropole ses vins, ses peaux préparées et ouvrées, ses tissus, ses machines, ses outils et les objets divers usuels. La colonie possède une Banque et un établissement du Crédit foncier colonial.

Je passe maintenant à la Réunion, la plus belle, la plus française de nos colonies, la perle de la mer des Indes.

La Réunion comprend 16 communes ayant chacune un maire, plusieurs adjoints et un conseil municipal. Elle compte environ 180,000 habitants, dont 111,000 hommes et 69,000 femmes. La population des immigrants s'élève à 64,000 individus, dont 42,000 Indiens.

La superficie de l'île est de 214,000 hectares, dont 90,000 sont cultivés.

La culture de la canne s'étend sur une superficie de 48,000 hectares. Elle produit 29 millions de kilogrammes de sucre, d'une valeur de 8 millions, 2 $\frac{1}{2}$ millions de litres de rhum et 1 $\frac{1}{2}$ million de sirop.

Le café couvre 4,000 hectares, la vanille 4,000 hectares, le cacao 155 hectares, le tabac 479 hectares, les pois enchevades 1,100 hectares, la culture vivrière 5,000 hectares. On compte environ 23,800 hectares de savanes, 74,000 hectares de bois et forêts et 65,000 hectares de friches.

Il existe 6,000 habitations rurales, employant 96,000 travailleurs; 62 de ces habitations possèdent des moulins à vapeur.

La valeur agricole de la colonie peut être estimée à 122 millions de francs, savoir : 100 millions pour la valeur des terres, 18 millions pour le matériel et 4 millions pour les animaux d'exploitation.

L'industrie a peu d'importance et ne se révèle que par les usines à sucre et les distilleries. Depuis quelque temps, on s'occupe de distiller des parfums; mais ce produit est encore à l'état d'enfance. La vigne est aussi maintenant l'objet d'une exploitation sérieuse et bientôt peut-être serons-nous appelés à goûter du vin de la Réunion.

Le produit de l'octroi de mer s'élève à 700,000 fr., les taxes accessoires à 80,000 fr.

Le budget local atteint en 1884 la somme de 4,913,736 fr.

L'instruction est donnée par un lycée, 157 établissements publics, libres ou subventionnés. La dépense annuelle pour l'instruction est de près de 600,000 fr.; 11,500 enfants en reçoivent les bienfaits.

La statistique des tribunaux donne une moyenne pour la Cour d'appel de 41 affaires civiles, 103 affaires criminelles, 9 affaires commerciales; pour les tribunaux de première instance, de 700 affaires civiles, 700 affaires correctionnelles et 120 affaires commerciales ; pour les justices de paix, de 7,000 affaires de simple police et 1,000 affaires civiles.

Le commerce général de la colonie de la Réunion se chiffre par 25 $^1/_2$ millions, dont 16 millions pour l'importation en France et 9 millions pour l'exportation. Les principaux articles d'importation sont : le sucre, la vanille, le café, le caoutchouc, les lichens tinctoriaux. La France envoie en échange ses vins, ses outils, ses machines, ses tissus et les objets à usage de toutes sortes.

La Réunion possède un chemin de fer en exploitation, dont le parcours, en forme de fer à cheval, suit les côtes de l'île sur une étendue d'environ 130 kilomètres. Le périmètre complet de l'île comprend 231 kilomètres.

Actuellement un port est en construction à la Pointe-des-Galets, près de Saint-Paul. Un second port presque terminé se construit aussi à Saint-Pierre. Cette colonie est maintenant reliée à la métropole par la grande ligne des paquebots de la Nouvelle-Calédonie, et le voyage de France à Saint-Denis ne demande plus que 18 jours. C'est une excellente occasion pour les amateurs de la nature grandiose et des sites sauvages. La Réunion est sans contredit un des plus beaux pays du monde.

La colonie de Saint-Pierre et Miquelon, une de nos plus petites colonies comme superficie, est pourtant une des plus importantes par sa valeur commerciale. Sans aucune valeur agricole, peuplée de 5,000 âmes, dont 2,600 hommes et 2,400 femmes, avec une population flottante de 1,200 personnes environ, cette petite colonie figure pourtant dans la statistique au 4e rang avec une importation en France de 28 millions. Centre important de pêcheries, elle a envoyé en France en 1883 pour 26 $^1/_2$ millions de poisson et de morues, et 1 $^1/_2$ million d'huile de morue. En revanche, elle n'a demandé à la France que des vins, du sel, de l'eau-de-vie pour à peu près 4 $^1/_2$ millions.

Les navires armés pour la pêche de la morue ont rapporté, en 1883, 447,369 quintaux métriques de morues vertes et sèches, d'huile, de draches, de rogues, etc. C'est une augmentation de 58,445 quintaux sur 1882.

Les exportations de morues sèches sous bénéfice de primes ont été de 88,999 quintaux métriques au lieu de 46,915 quintaux en 1882.

Les armements de navires ont été en 1883 de 907 avec 13,149 hommes d'équipage.

Nos établissements français de l'Inde comprennent nos comptoirs de Pondichéry, Karikal, Yanaon, Mahé, Chandernagor, seuls vestiges du vaste empire colonial fondé dans ces parages par les Dupleix et les Labourdonnais. La population totale de ces comptoirs est de 276,000 habitants. La superficie totale de 49,000 hectares, dont 34,000 sont cultivés.

L'importation en France s'élève à 13 millions de francs, alors que l'exportation de France atteint à peine 600,000 fr. L'Inde nous envoie ses arachides, sa guinée, ses graines, son indigo, ses écailles de tortue, ses huiles, pour n'exiger de nous que des vins, des outils et des machines pour un peu plus d'un demi-millon.

Les principales industries de l'Inde sont la filature, le tissage et la teinture des étoffes de coton connues sous le nom de guinées, la fabrication des huiles, les tanneries.

L'instruction est donnée dans l'Inde à 2,500 enfants par 3 établissements publics, dont 1 collège, et 26 écoles. On y compte aussi une école de droit.

La Cochinchine française, qui date à peine de 1860, peut être considérée comme notre plus importante colonie. On y compte 1,500,000 habitants, savoir : 2,000 Français, 150 étrangers, 1,400,000 indigènes et 64,000 Asiatiques étrangers. La superficie est d'environ 6 millions d'hectares, celle cultivée est de 600,000 hectares.

Les cultures qui ont pris en Cochinchine une très grande importance se divisent en 500,000 hectares plantés en rizières, 4,400 en cannes, 2,000 en bétel, 3,000 en mûriers, 25,000 en aréquiers, 2,880 en cocotiers. Les procductions générales sont : le riz, qui constitue la richesse du pays, le coton, la canne à sucre, le tabac, le maïs, le chanvre, le poivre, l'indigo, le mûrier, le café et le cacao (cultures naissantes et d'un grand avenir).

Le commerce général se compte, d'après la statistique douanière, en 1883 par 12 $^1/_2$ millions; mais ce chiffre, qui comprend 3 millions d'importation en France et 9 millions d'exportation de France, ne donne pas une idée bien exacte de la valeur commerciale de la Cochinchine. Son commerce avec l'étranger a une importance bien plus considérable et les chiffres suivants le démontrent suffisamment.

Prenant pour base l'unité monétaire en usage en Cochinchine, la piastre, on peut dire que son commerce avec la France comme avec l'étranger atteint environ 22 millions de piastres, soit près de 100 millions de francs.

Les marchés où se tiennent les affaires commerciales les plus importantes sont ceux de Saïgon, de Cholen, de Go-Cong, de Mytho, de Winhlong, Chaudoc, Hatien, etc.

Le budget local de cette colonie s'élève en recettes et en dépenses à plus de 20 millions de francs. L'impôt foncier y produit 2,600,000 fr., la régie de l'opium 7 millions, l'impôt personnel 1,200,000 fr., les droits sur les alcools 1,200,000 fr., l'impôt de capitation des Asiatiques 1,200,000 fr., l'impôt des patentes 600,000 fr. La colonie affecte chaque année à ses travaux publics près de 6 millions.

Il ne faut pas oublier que cette colonie subvient à toutes les dépenses de souveraineté qui sont supportées pour les autres colonies par la métropole. Elle est la seule qui verse au budget une subvention de 2 millions.

En résumé, la Cochinchine doit être considérée comme notre plus riche, notre plus puissante colonie. Elle est de plus une base solide pour notre extension dans l'extrême Orient et il ne faut pas désespérer de nous voir jeter dans cette presqu'île de l'Indo-Chine les bases d'un vaste empire colonial français qui pourra rivaliser en étendue, en puissance et en richesses avec l'empire anglais des Indes.

La Guyane française, riche par ses bois et ses mines, a malheureusement jusqu'ici été un peu sacrifiée et délaissée. Sa superficie est indéterminée, car vers le sud elle ne compte pas de frontières et ne se trouve limitée que par des espaces indéfinis et des forêts vierges impénétrables. C'est un vaste champ d'exploitation où l'initiative privée n'a pas donné tout ce qu'elle aurait dû donner.

La Guyane renferme 10 communes. Elle consacre chaque année 300,000 fr. à ses travaux publics sur un budget local de 1,500,000 fr. Les services pénitentiaires sont inscrits au budget de la métropole pour une somme d'environ 2 millions. On y compte 3,430 transportés de différentes catégories se divisant en :

1° 2,144 condamnés aux travaux forcés, dont 450 Européens, 1,242 Arabes et 452 créoles;

2° 85 créoles réclusionnaires;

3° 1,059 libérés astreints à la résidence, dont 534 Européens, 322 Arabes et 203 créoles.

La différence comprend les femmes de même condition.

Les mines de la Guyane ont produit annuellement en moyenne 1,975$^{kil}$,461 d'or. On compte actuellement 3 placers en pleine activité et 50 en cours d'exploration.

Les cultures de la Guyane comprennent la canne à sucre, le caféier, le rocou, la muscade, le poivre, le manioc, le maïs, l'igname, etc. La culture vivrière peut être évaluée à 1 $^1/_2$ million environ. La valeur des terres employées aux cultures est estimée 900,000 fr.; celle des bâtiments et du matériel d'exploitation vaut 2 millions. La valeur actuelle agricole de la Guyane peut donc être estimée à 3 millions.

Comme industrie, on compte à la Guyane 1 briqueterie, 15 chantiers forestiers, 105 exploitations aurifères qui emploient 4,000 travailleurs. L'industrie forestière n'a jusqu'ici produit que 73,000 fr., celle de la briqueterie 65,000 fr. Les exploitations aurifères ont donné un résultat de 6,925,000 fr.

Nous passons maintenant aux colonies de Madagascar et du canal de Mozambique. Mayotte, Nossi-bé et Sainte-Marie, qui en raison des événements qui s'accomplissent de ces côtés ont une certaine importance, sont les seuls vestiges de notre influence d'autrefois dans ces parages de la mer des Indes et du canal de Mozambique. C'est relativement peu de chose si l'on songe que tout à côté la grande île de Madagascar représente les $^2/_3$ de la superficie de la France.

Mayotte compte 9,000 habitants, 30,000 hectares de superficie; son commerce général est d'environ 2 $^1/_2$ millions, dont 2 millions pour l'importation en France.

Nossi-Bé compte 10,000 habitants, 29,000 hectares de superficie, dont 9,000 sont cultivés. Son commerce général est de 2 millions, dont 1 $^1/_2$ million environ concerne l'importation en France.

Ces deux colonies de Mayotte et de Nossi-Bé produisent surtout du sucre, du caoutchouc, des bois d'ébénisterie, des écailles de tortue et du rhum ou tafia. L'exportation de France consiste principalement en vins, tissus et objets de consommation et d'usage.

A Mayotte, sur 18,000 hectares concédés aux colons, 10,000 environ sont plantés en cannes. On compte 18 exploitations de cannes à sucre, dont 11 sont pourvues de machines à vapeur. Nossi-Bé compte une douzaine d'exploitations sucrières et peut comme production agricole être considérée comme l'émule, à mérite égal, du reste, de sa sœur du canal de Mozambique.

On peut estimer, comme je l'ai dit plus haut, le commerce général de ces deux colonies à 7 ou 8 millions.

Sainte-Marie de Madagascar, point imperceptible tout près de Tamatave, grain de sable qui devrait tenir tant de place dans le rôle que la France doit jouer sur le grand continent malgache, Sainte-Marie a été pour ainsi dire évacué après 1870. Ce n'est plus une colonie proprement dite. La propriété y est à peine constituée. Cependant cette petite île a son importance stratégique et si la solution de la question de Madagascar tourne à notre avantage, espérons que le petit port de Sainte-Marie redeviendra ce qu'il n'aurait jamais dû cesser d'être.

Il n'y a pas encore grand'chose à dire sur l'établissement tout récent d'Obock. Comme point commercial, il faut attendre qu'il ait fait ses preuves. Dans tous les cas, cette possession sera pour nous d'un grand secours dans ces parages de la mer Rouge comme lieu de ravitaillement et entrepôt de charbon.

La Nouvelle-Calédonie, qui est en même temps une de nos deux colonies pénitentiaires, est encore une colonie en formation et, quoiqu'elle ait déjà gravi à grands pas, les échelons d'une colonisation plus avancée, il y a encore beaucoup à faire pour donner à ce pays une valeur réelle. La population de la Nouvelle-Calédonie comprend 40,000 indigènes d'après les uns, 20,000 seulement d'après les autres.

Le reste de la population se compose de 2,500 civils et environ 1,100 hommes de garnison. Une décroissance marquée se fait sentir dans la population canaque.

Le territoire de cette colonie est divisé en 5 arrondissements.

La colonie, dont le budget local s'élève en 1884 à 2,052,872 fr., non compris le budget de l'émigration qui s'élève à 47,000 fr. en recettes et en dépenses, affecte à ses travaux publics une somme annuelle de 355,000 fr.

Les exploitations minières en Nouvelle-Calédonie embrassent les métaux de divers genres.

Le cuivre est l'objet de 2 concessions en exploitation et produit environ 36,000 tonnes de minerai.

Le nickel est exploité sur les mines de Thio, de Canala, d'Houaïlou. La société qui l'exploite emploie 105 ouvriers, dont 85 Européens. Elle exporte en moyenne 600 tonnes de minerai par an, soit, au prix de 8 fr. le kilogramme, environ pour une valeur de 480,000 fr.

Le fer chromé, le cobalt, le charbon, existent aussi à l'état natif, mais les exploitations n'ont encore donné aucun résultat pratique que la statistique puisse mentionner.

L'industrie du bétail y prend une immense extension; mais l'agriculture, qui est appelée dans ce pays à avoir plus tard une importance capitale, n'est encore qu'à l'état d'enfance. La Nouvelle-Calédonie compte au budget métropolitain de la marine (service colonial) pour environ 8.5 p. 100 des crédits coloniaux, y compris la subvention que la métropole fait à cette colonie.

L'effectif de la population pénale est d'environ 8,800 hommes et 145 femmes, savoir : 6,840 condamnés aux travaux forcés, dont 6,000 Européens environ, 11 réclusionnaires et 1,953 libérés astreints à la résidence.

Les libérés définitifs sont au nombre de 531 hommes et 40 femmes.

Les dépenses de la transportation s'élèvent à 6 millions environ.

La Calédonie comme la Cochinchine, indépendamment des relations commerciales qu'elle a avec la France, entretient aussi de sérieuses relations avec l'étranger, et il ne faudrait pas juger, ainsi que je l'ai déjà dit, sa valeur commerciale d'après les chiffres qu'accusent les statistiques de la douane française.

Les établissements français de l'Océanie comprennent 25,000 habitants. Ils exportent pour 1 million environ de coton égrené, pour 250,000 fr. de coprah, de la cire brute, du café, du sucre, de la vanille, des oranges et des cocos.

Cette colonie, qui pour les Européens est un véritable Éden, n'a encore au point de vue commercial qu'une importance secondaire. Comme la Calédonie, elle a, indépendamment de ses relations peu importantes avec la France, un commerce spécial avec les pays avoisinants.

La superficie totale est de 129,000 hectares, dont 79,000 pour l'île de Taïti seule.

Enfin, je terminerai par un aperçu succinct sur nos établissements de la Côte-d'Or et du Gabon dont le territoire est du reste indéterminé.

Le commerce d'importation en France, qui consiste en ivoire et en caoutchouc, est d'environ 500,000 fr. La France exporte dans ces pays pour environ 800,000 fr.

Il y a aussi beaucoup à faire de ces côtés, et il ne faut pas se laisser devancer, surtout maintenant que nous allons avoir pour voisine l'Allemagne qui, elle aussi, prend actuellement ses dispositions pour entrer en lice dans la carrière coloniale. La nomination récente d'un commandant supérieur, résidant dans ces parages, prouve que le Gouvernement n'entend pas se désintéresser du rôle que nous avons à jouer dans cette partie de l'Afrique, alors qu'à la suite de 1870 nous avons semblé vouloir tout abandonner de ces côtés. Il faut ne pas oublier qu'au Gabon, au Congo, comme sur l'Ogoué, malgré les doutes et les hésitations de l'opinion publique, nous sommes en train de semer les éléments d'une importante colonisation future, et de poser des bases sérieuses d'action pour l'avenir. La preuve en est que déjà dès le début nous trouvons des rivaux et des compétiteurs. Et la fameuse conférence de Berlin suffit pour expliquer que toutes les nations dirigent, elles aussi, leurs convoitises sur ces contrées de l'Afrique occidentale.

Mesdames, Messieurs, l'énumération aride des données statistiques est terminée. Il me suffira de compléter ce travail par un aperçu général sur les mouvements de la navigation.

La France a reçu des colonies et possessions françaises en 1883, 1,569 navires, d'un tonnage total de 1,130,989 tonneaux et montés par 50,583 hommes d'équipage. Elle a envoyé aux colonies 1,793 navires, jaugeant en tout 1,273,278 tonneaux et montés par 58,619 hommes d'équipage. Mais sur ce chiffre l'Algérie figure pour 1,200 navires environ à l'entrée et 1,400 navires à la sortie. Il reste donc pour les colonies proprement dites environ 369 navires à l'entrée et 393 navires à la sortie.

Les pays avec lesquels la France a entretenu le plus de relations maritimes sont : au 2e rang, après l'Angleterre, l'Algérie qui figure pour 2,139,730 tonneaux. Le Sénégal vient ensuite après bien d'autres États étrangers au 24e rang avec 111,629 tonneaux.

Les autres colonies ne figurent même pas dans ce tableau statistique, vu le peu d'importance de leurs relations maritimes.

Avant de terminer, Mesdames, Messieurs, je vous ferai remarquer que c'est avec intention que j'ai omis de parler de l'Algérie. Je ne considère pas ce pays comme une colonie, mais bien comme une seconde France. Depuis les rattachements, elle est devenue la fille aînée de la métropole. L'Algérie sera un jour notre grenier d'abondance pour les vins, les céréales et mille autres produits de première nécessité. Son commerce avec les puissances étrangères et les entrepôts de France a porté en 1883 sur une valeur de 154,133,022 fr. L'importation a été de 83,720,577 fr., l'exportation de 70,412,445 fr. Le pavillon français a couvert 68 p. 100 du tonnage total maritime de l'Algérie.

Si, connaissant les colonies, on jette un coup d'œil sur ces différents chiffres et que l'on étudie ensuite chacune d'elles dans tous ses détails et dans tous ses éléments, on se convaincra facilement que ces chiffres sont d'une faiblesse relative incontestable et qu'ils ne sont pas l'expression exacte de ce que chacun de ces pays est capable de produire.

Il existe dans chacune de nos colonies bien d'autres bases d'échanges, bien d'autres éléments de commerce et d'industrie et bien d'autres revenus, qui ne demandent qu'à être connus, développés, vulgarisés et exploités.

Nos possessions outre-mer n'ont jusqu'ici été exploitées que sous une forme restreinte et routinière. Elles n'ont pas suivi, faute de relations solides et étendues, la métropole dans son mouvement progressif. Elles sont en retard non par leur faute, mais par la faute des Français de la métropole qui n'ont pas su apprécier leur valeur, en tirer tout le parti désirable et favoriser par eux-mêmes le mouvement colonial.

Il est encore temps de revenir sur ces erreurs passées, et si une indifférence aveugle a fait négliger par trop nos colonies; si la masse des citoyens en général n'a pas compris plus tôt leur importance réelle au point de vue agricole, commercial et industriel; ce n'est pas une raison pour que nous autres aujourd'hui nous nous croyions obligés de suivre encore ces faux errements. Il faut donc que nous connaissions nos colonies. Une école d'études coloniales contribuerait grandement à ce mouvement d'initiation et devrait être la conséquence pratique de l'école si utile des hautes études commerciales.

Je la comprendrais fondée sur les bases suivantes :

Indépendamment des cours techniques suivis pendant un certain temps au siège central, des voyages annuels d'exploration et d'études seraient offerts à une partie de notre grande jeunesse.

Le but de l'institution serait de faire connaître, après leurs études supérieures, aux jeunes gens français les colonies, de permettre à ces jeunes gens de les étudier sous leur côté commercial, agricole et industriel, d'approfondir leur économie générale et par suite d'en tirer les applications pratiques en ce qui concerne la branche spéciale à laquelle ils appartiendraient, savoir : commerce, industrie ou agriculture. Seulement, au lieu de 3 bourses de voyage comme celles qui viennent d'être accordées aux élèves de l'école des hautes études commerciales pour cette année, c'est 30 et 40 bourses que je voudrais voir concéder ; ce n'est pas seulement à la France que doivent se borner les voyages scolaires : l'horizon s'est élargi, c'est au monde entier, à nos colonies en particulier que doivent être étendus ces voyages.

De retour chez eux, les jeunes voyageurs pourront, chacun dans son milieu, donner sur ce qu'ils auront vu une appréciation saine et authentique pouvant servir de base à des combinaisons économiques d'une importance capitale pour le pays. Ils auront vu par eux-mêmes.

Plus d'ignorance, plus d'hésitation, plus de crainte, expansion au contraire de capitaux maintenus improductifs dans les limites restreintes de notre France d'Europe.

En attendant, nous allons, nous aussi, comme les jeunes gens de l'école des hautes études commerciales, faire notre petit voyage colonial et passer à la seconde partie de notre programme, c'est-à-dire aux projections.

Je n'ai plus qu'un vœu à formuler, c'est que les générations qui suivront la nôtre profitent des leçons du passé et sachent utiliser le présent; de plus, qu'elles soient animées du désir patriotique et constant de voir la France riche et prospère à l'extérieur. De là dépendra toujours le salut de notre industrie, de notre commerce et de notre marine marchande.

Façonnons donc ces générations pour ce but et n'oublions jamais, nous Français, la devise : *Ubique patria,* partout la patrie !

———

NANCY, IMPRIMERIE BERGER-LEVRAULT ET Cie.